English-Spanish
Inglés-Español

For Ages 4–7
De 4 a 7 años

Screen Time Is Not Forever
El tiempo de pantalla no es para siempre

Elizabeth Verdick

Ilustrado por Marieka Heinlen
Traducido por HIT Bilingual Publishing

Text copyright © 2021 by Elizabeth Verdick
Illustrations copyright © 2021 by Marieka Heinlen
Translation copyright © 2023 by Free Spirit Publishing

All rights reserved under International and Pan-American Copyright Conventions. Unless otherwise noted, no part of this book may be reproduced, stored in a retrieval system, or transmitted in any form or by any means, electronic, mechanical, photocopying, recording or otherwise, without express written permission from the publisher, except for brief quotations and critical reviews. For more information, go to freespirit.com/permissions.

Free Spirit, Free Spirit Publishing, Best Behavior, and associated logos are trademarks and/or registered trademarks of Teacher Created Materials. A complete listing of our logos and trademarks is available at freespirit.com.

Library of Congress Cataloging-in-Publication Data
This book has been filed with the Library of Congress.
LCCN: 2022952215
ISBN: 978-1-63198-811-0

Free Spirit Publishing does not have control over or assume responsibility for author or third-party websites and their content.

Screen use guidelines and safety rules cited in this book are based on recommendations from the American Academy of Pediatrics, the American Academy of Child & Adolescent Psychiatry, and HealthyChildren.org.

Edited by Marjorie Lisovskis
Cover and interior design by Shannon Pourciau
Translation by HIT Bilingual Publishing

Printed in China
Free Spirit Publishing
An Imprint of Teacher Created Materials
9850 51st Avenue, Suite 100
Minneapolis, MN 55442
(612) 338-2068
help4kids@freespirit.com
freespirit.com

Free Spirit offers competitive pricing.
Contact edsales@freespirit.com for pricing information on multiple quantity purchases.

For families and educators helping
kids grow up to be their best selves.
Thank you for the hard work you do.
—E.V.

For every family striving to balance the
innovations of the digital world with the
vibrant, living world around us.
—M.H.

A las familias y los educadores que ayudan
a los niños a crecer para convertirse en la
mejor versión de sí mismos. Gracias por
su trabajo y su esfuerzo.
—E. V.

A todas las familias que luchan por
encontrar el equilibrio entre las
innovaciones del mundo digital y el mundo
vivaz y vibrante que nos rodea.
—M. H.

Screens help you learn and have fun. So much fun, it's easy to forget the button for *"Off."*

Las pantallas te ayudan a aprender y a divertirte. Son tan divertidas que es fácil olvidarse de apretar el botón de *"apagar"*.

(Grown-ups forget too!)
(¡Los adultos también se olvidan!).

Screen time is not forever.
El tiempo de pantalla no es para siempre.

Screens are for learning and downtime. And then it's turn-it-off time.

Usamos las pantallas para aprender y para entretenernos. Pero debemos apagarlas luego.

Push the button or shut the top . . .
make the screen STOP.

Aprieta el botón o cierra la tapa . . .
para APAGAR la pantalla.

Screen time is one little part of your life.
Here are some BIGGER parts:

El tiempo de pantalla es solo una pequeña parte de tu vida.
Pero hay partes más IMPORTANTES:

Family time
El tiempo en familia

Friendships
Los amigos

Reading
Leer

Zzzzzz
Zzzzzz

Sleeping
Dormir

But families
also want some fun
screens-on time—
so make it
watch-together time!

Pero también quieren
divertirse con las
pantallas *encendidas* . . .
¡por eso es bueno
mirarlas en compañía!

About an hour before bedtime, say, "See you later, screens."

Más o menos una hora antes de irte a dormir, di: "Hasta mañana, pantallas".

Screen lights keep you alert and awake.

Las luces de las pantallas te mantienen alerta y despierto.

Give your eyes and brain a break.

Dales un descanso a tus ojos y a tu cerebro.

When you're on the move, you can keep the screens off. Think of travel as talking time, sing-along time . . .

Cuando estés viajando, deja las pantallas apagadas. Usa el tiempo de viaje para conversar un rato, para cantar otro rato . . .

watch-the-wider-world and goodbye-gadget time.

contempla el ancho mundo y olvídate de los aparatos.

So, when *do* you get some screen time?

Pero, entonces, ¿*cuándo* puedes usar la pantalla?

You and your family can make a schedule, like this:

Tú y tu familia pueden organizar los horarios. Por ejemplo:

My screen time today is: 4:00 p.m.–5:00 p.m.

Hoy usaré la pantalla de 4:00 p. m. a 5:00 p. m.

- ✓ after schoolwork
- ✓ after exercise
- ✓ after chores
- ✓ for one hour or less

- ✓ después de hacer la tarea de la escuela
- ✓ después de hacer ejercicio
- ✓ después de hacer las tareas de la casa
- ✓ durante una hora o menos

A schedule gives you a *start* and *stop*.

El horario marca el *comienzo* y el *final*.

DO . . .
- Video chat with friends and family.
- Use media with others.
- Find educational apps, games, and shows.
- *Ask* if you're allowed to visit a website or download games or apps.

SÍ . . .
- Haz videollamadas con tus amigos y familiares.
- Usa la tecnología para compartir con alguien.
- Busca aplicaciones, juegos y programas educativos.
- *Pregunta* si puedes visitar un sitio web o descargar juegos y aplicaciones.

But please DON'T . . .

Pero por favor NO . . .

- Download apps or games without an adult's help.
- Play or watch violent video games.
- Sneak extra screen time.
- Break the screen rules when you're away from home.

- Descargues aplicaciones o juegos sin la ayuda de un adulto.
- Juegues o mires videojuegos violentos.
- Uses la pantalla a escondidas.
- Rompas las reglas sobre el uso de la pantalla cuando no estás en casa.

Screen time should be a *safe* time.

El tiempo de pantalla debe ser un momento *seguro*.

Does your family know about staying safe online?

You can learn the rules together . . .

¿Sabe tu familia cómo estar segura en línea?

Pueden aprender las reglas juntos . . .

Six screen-time safety rules:

Seis reglas de seguridad para el tiempo de pantalla:

1. We only chat or play games online with people we know in real life.

1. Solo chateamos o jugamos en línea con personas que conocemos en la vida real.

2. We only share texts and photos online with people we know in real life.

2. Solo compartimos textos y fotos en línea con personas que conocemos en la vida real.

3. We don't share personal details online.

3. No compartimos datos personales en línea.

26

4. We don't bully online.

4. No tratamos mal a nadie en línea.

5. We are kind to others online.

5. Somos amables con los demás en línea.

6. We let a grown-up know if anything we see or hear online makes us feel unsafe.

6. Le avisamos a un adulto si algo que vemos o escuchamos en línea no nos parece seguro.

You're off to a great start,
becoming screen-time smart!

¡Vaya! ¡Ya casi eres experto en tiempo de pantalla!

Remember, screen time is not forever.
Let's spend more time TOGETHER!

Recuerda: el tiempo de pantalla no es para siempre.
¡Pasemos más tiempo FRENTE A FRENTE!

30

Tips and Activities for Parents and Caregivers

Screen Time Is Not Forever is a teaching tool and a discussion starter for changes you may wish to make at home. When helping kids learn about screen time, we can't simply say, "Turn it off," and then be done. Instead, we can offer a positive spin, one that includes the whole family. As this book says, "Screen time is one little part of your life," and, "Screen time is not forever. Let's spend more time TOGETHER."

The Thinking Behind Setting Screen-Time Limits

The American Academy of Pediatrics (AAP) and the American Academy of Child & Adolescent Psychiatry (AACAP) encourage these guidelines for children's screen time:

- For children ages 2–5 years, limit screen use to 1 hour per day of high-quality programs. Parents should co-view media with children to help them understand what they are seeing and apply it to the world around them.

- For children ages 6 and older, place consistent limits on the time spent using media and the types of media, and make sure media does not take the place of adequate sleep, physical activity, and other behaviors essential to health.

- Doctors believe that children who have more than the recommended screen time don't get the amount of physical exercise, outdoor play, face-to-face social time, and sleep they truly need. Putting some limits in place is a way to focus on good health.

Deciding What Works for Your Family

In a perfect world, we could make sure our children follow the recommended screen-time limits each day. But the world is far from perfect—and technology continues to transform aspects of daily life. Guidelines aren't written in stone. After all, what if your young child stays in touch with grandparents through screen time? What if your child is ill and spends a day watching videos? What if your child's school relies on screens for education and connection? Do the guidelines have any meaning then? These are all good questions! Think of the guidelines as a reference point. From there, you decide what works for your family.

Put real-life experiences first. Young children rarely get a brain boost from technology. Real-life activities are always better than apps and gadgets. Plan a daily routine that prioritizes exercise, outdoor time, and face-to-face interaction.

Think "quality over quantity." On days when it isn't possible to stick with the screen-time guidelines, focus on managing the quality of the media your child consumes. Look for high-quality, educational content, and seek recommendations from reliable sources such as Common Sense Media. If your child is using social media to keep in touch with loved ones, don't worry too much if it takes more than an hour to stay connected. To enhance the quality of your child's screen time, join in yourself.

Think "safety." Keep a close eye on the kinds of media your child is exposed to. Research continues to show that children should not be exposed to violent media, sexual content, or video games that focus on shooting guns. You may want to be cautious about the news you watch while children are in the room too. Use the following tips to keep your child "screen safe."

- Put computers and televisions in a busy area.

- Supervise your child's internet use and frequently check the internet browser history.

- Set parental controls and use monitoring and filtering tools as needed.

- Familiarize yourself with social media apps. You may wish to block instant messaging, email, chat rooms, video messaging, and access to message boards.

- Teach your children about privacy. Make sure they never share photos or give out information about themselves or their family when online.

- Encourage your kids to tell you about anything online that makes them feel uncomfortable or threatened.

Make a family media plan. It can help to involve the whole family and use positive language when talking about screen-time restrictions. The healthychildren.org website, from the AAP, has a tool called "Create Your Family Media Plan" that you can use. Another option is to keep things simple by making a screen schedule. Each family is unique, so experiment to find what works best for you, and adjust as needed.

Create screen-free zones. Create technology-free zones throughout the home so all family members have places where they know screens stay off. For example, keep meals screen-free. You may also want to make a rule that children cannot have screens in their bedrooms. Charge tech devices outside of the bedroom overnight to avoid interrupted sleep.

Find other forms of entertainment or distraction. Phones and tablets can be an easy way to keep your children occupied, and that's fine when you have to make a meal or talk to another adult. But sometimes, these gadgets are too quick and easy, becoming the first thing kids reach for during moments when you're busy. Provide an alternative source of distraction by having a " go bag" of toys, books, stickers, and art supplies. It's okay for kids to be bored! Boredom can lead to deep thinking, imagining, and closer observation.

Make screen time interactive. What's the best way to monitor your child's screen use? Be a part of it! Watch programs or videos together, discussing what you see. Play video games with your child, so you can model how to be a good sport. Don't think of screen time as alone time—make it interactive time.

Be a screens-off role model. Once your family plan is in place, keep a daily log of how much time you—and all members of the family—spend on a screen each day. There's no need to fault yourself if you don't all adhere perfectly to the plan, because each week will be different and each day is a new start. Make the plan positive by having other activities available, especially ones that encourage movement and outdoor time. You may want to make a list of fun screens-off activities your family can do, such as board games, art projects, or funny dance contests.

33

Consejos y actividades para padres y cuidadores

El tiempo de pantalla no es para siempre es una herramienta de enseñanza que promueve conversaciones para establecer los buenos hábitos que usted desee fomentar en su hogar. Cuando les enseñamos a los niños a usar las pantallas, no basta con decir "Apaga eso" y nada más. En cambio, podemos ofrecerles una alternativa positiva, que incluya a toda la familia. Como dice este libro: "El tiempo de pantalla es una pequeña parte de tu vida" y: "El tiempo de pantalla no es para siempre. ¡Pasemos más tiempo FRENTE A FRENTE!".

Por qué poner límites al tiempo de pantalla

La Academia Estadounidense de Pediatría (AAP, por sus siglas en inglés) y la Academia Estadounidense de Psiquiatría para Niños y Adolescentes (AACAP) recomiendan seguir estas pautas para organizar el tiempo de pantalla de los niños:

- Para los niños de 2 a 5 años, limite el uso de la pantalla a 1 hora por día de programas de alta calidad. Los padres deben verlos junto a los niños para ayudarlos a comprender lo que ven y aplicarlo al mundo que los rodea.

- Para los niños de 6 años en adelante, establezca límites claros en cuanto al tiempo de uso de la tecnología y el tipo de contenidos que consumen los niños, y asegúrese de que las pantallas no ocupen el tiempo destinado a dormir, hacer actividad física y otras actividades esenciales para la salud.

- Los médicos creen que los niños que pasan más tiempo del recomendado frente a la pantalla no cumplen con el tiempo de ejercicio físico, juego al aire libre, socialización cara a cara ni con las horas de sueño que en realidad necesitan. Poner ciertos límites es una manera de priorizar la buena salud.

Decida lo que funciona mejor para su familia

En un mundo perfecto, podríamos asegurarnos de que nuestros hijos cumplan todos los días con los límites de tiempo de pantalla recomendados. Pero el mundo está lejos de ser perfecto, y la tecnología sigue transformando diversos aspectos de nuestra vida cotidiana. Las pautas se pueden modificar y adaptar. Al fin y al cabo, ¿qué pasa si un niño pequeño se mantiene en contacto con sus abuelos gracias a una pantalla? ¿Qué hay de malo si el niño está enfermo y pasa un día entero viendo videos? ¿Qué sucede si en la escuela usan pantallas para educar y conectarse? ¿Qué sentido tienen las pautas en ese caso? ¡Son todas buenas preguntas! Tome las pautas como un punto de referencia. Luego, decida qué funcionará mejor en el caso de su familia.

Priorice las experiencias de la vida real. La tecnología rara vez estimula el cerebro de los niños pequeños. Las actividades de la vida real siempre son mejores que las aplicaciones y los dispositivos. Planifique una rutina diaria que priorice el ejercicio, el tiempo al aire libre y la interacción cara a cara.

Anteponga la calidad a la cantidad. Si hay días en que no es posible cumplir con las pautas de tiempo de pantalla, asegúrese de que el niño vea material de buena calidad. Busque contenido educativo de alta calidad y recomendaciones de fuentes confiables, como Common Sense Media. Si el niño usa las redes sociales para mantenerse en contacto con sus seres queridos, no se preocupe demasiado si pasa más de una hora conectado. Para mejorar la calidad del tiempo de pantalla del niño, únase a la misma red social.

No olvide la seguridad. Esté atento a los tipos de contenidos a los que está expuesto el niño. Las investigaciones siguen demostrando que los niños no deben estar expuestos a contenidos violentos, sexuales ni a videojuegos en los que disparar armas es una de las acciones principales. También puede ser importante prestar atención al contenido de noticias que usted ve cuando los niños están presentes. Use los siguientes consejos para mantener al niño "seguro frente a la pantalla".

- Ubique las computadoras y los televisores en un área concurrida de la casa.
- Supervise el uso de internet que hace el niño y revise con frecuencia el historial del navegador.
- Establezca controles parentales y use herramientas de monitoreo y filtros según considere necesario.
- Familiarícese con las aplicaciones de redes sociales. Si lo desea, puede bloquear la mensajería instantánea, el correo electrónico, las salas de chat, la mensajería de video y el acceso a los tableros de mensajes.
- Enseñe a los niños a proteger su privacidad. Asegúrese de que nunca compartan fotos ni den información personal ni sobre la familia cuando estén en línea.

- Invite a los niños a contarle cualquier cosa que los haga sentir incómodos o desprotegidos en línea.

Diseñe un plan de uso para toda la familia. Un plan puede ayudar a que participe toda la familia y a usar lenguaje positivo cuando se habla de restricciones del tiempo de pantalla. El sitio web healthychildren.org, de la AAP, tiene una herramienta llamada "Diseñe un plan de uso para toda la familia" a la que puede recurrir. Otra opción es simplificar las cosas creando un horario de pantalla. Cada familia es única, así que pruebe hasta encontrar lo que funciona mejor para ustedes y adáptelo según considere necesario.

Establezca zonas sin pantallas. Establezca zonas libres de tecnología en toda la casa para que los miembros de la familia tengan lugares donde sepan que las pantallas permanecerán apagadas. Por ejemplo, asegúrese de que, durante las comidas, no se usen pantallas. También puede establecer la regla de que los niños no pueden tener pantallas en su recámara. Cargue los dispositivos tecnológicos fuera de la recámara durante la noche para no interrumpir el sueño.

Encuentre otras formas de entretenimiento o distracción. Los teléfonos y las tabletas pueden ser una manera fácil de mantener entretenidos a los niños, lo cual está bien cuando tiene que preparar una comida o hablar con otro adulto. Pero, a veces, estas opciones rápidas y fáciles se convierten en lo primero que buscan los niños en los momentos en que usted está ocupado. Para ofrecerles una fuente alternativa de distracción, arme un canasto con juguetes, libros, pegatinas y materiales de arte. ¡Está bien que los niños se aburran! El aburrimiento puede llevarlos a desarrollar pensamientos profundos, a usar la imaginación y a observar las cosas con más detalle.

Haga del tiempo de pantalla un momento de interacción. ¿Cuál es la mejor manera de controlar el uso de la pantalla que hace un niño? ¡Que usted sea parte de él! Miren programas o videos juntos, y conversen acerca de lo que ven. Jueguen videojuegos juntos para mostrarle cómo jugar limpio o cómo ser buen perdedor. No piense que el tiempo de pantalla es individual: conviértalo en un momento de interacción.

Dé el ejemplo de cómo vivir sin pantallas. Una vez que haya implementado su plan familiar, lleve un registro diario de cuánto tiempo pasan cada día frente a la pantalla usted y todos los miembros de la familia. No hay necesidad de culparse si no todos siguen el plan a la perfección, porque cada semana será diferente y cada día será un nuevo comienzo. Piense en otras actividades para que el plan sea positivo, en particular, actividades que fomenten el movimiento y el tiempo al aire libre. Tal vez pueda hacer una lista de actividades divertidas que su familia puede realizar sin pantallas, como jugar a juegos de mesa, hacer proyectos de arte u organizar concursos de baile divertidos.

About the Author and Illustrator
Acerca de la autora y la ilustradora

Elizabeth Verdick is the author of more than 40 highly acclaimed books for children and teenagers, including other books in the Best Behavior® series for young children, the Happy Healthy Baby® and Toddler Tools® board book series, and the Laugh & Learn® series for preteens. Elizabeth lives with her husband, daughter, son, and a houseful of pets near St. Paul, Minnesota.

Elizabeth Verdick es autora de más de 40 libros para niños y adolescentes, incluyendo otros libros de la colección Best Behavior® para niños pequeños, la serie de libros de cartón, Happy Healthy Baby® y Toddler Tools® y la serie para preadolescentes Laugh & Learn®. Elizabeth vive con su esposo, su hija, su hijo y varias mascotas en una casa cerca de St. Paul, Minnesota.

Marieka Heinlen launched her career as a children's book illustrator with the award-winning *Hands Are Not for Hitting*. As a freelance illustrator and designer, Marieka focuses her work on books and other materials for children, teens, parents, and teachers. She lives in St. Paul, Minnesota, with her husband, son, and daughter.

Marieka Heinlen lanzó su carrera como ilustradora de libros para niños con el libro premiado *Las manos no son para pegar*. Marieka enfoca su trabajo de ilustradora y diseñadora en libros y otros materiales para niños, adolescentes, padres y maestros. Vive en St. Paul, Minnesota, con su esposo, su hijo y su hija.

freespirit.com   800.735.7323
Volume discounts/Descuentos por volumen: edsales@freespirit.com
Speakers bureau/Oficina de hablantes: speakers@freespirit.com